CE VOLUME CONTIENT :

1°. De la Conquête de Clovis, par Mr Nougarède de Fayet, Paris 1843.

2°. Antiquités gauloises par Mr Armd Cassan, Mantes 1835.

3°. Essai sur les écrits politiques de Christine de Pisan, par Mr Raymd Thomassy. Paris, 1838.

4°. La vie et les ouvrages de William Caxton par Mr Le Roux de Lincy, Paris 1844.

5° Souvenirs d'une visite aux ruines d'Alise et au chateau de Bussy Rabutin par Mr Corrard de Breban, Troyes, 1833.

6° Recherches sur l'imprimerie de Troyes, par le même; Troyes, 1839.

7° Notice sur l'établissement de l'Imprimerie dans la ville d'Aire, par Mr Morand, de Boulogne s/mer, Aire, 1845.

8°. Rapport à Mr le Ministre de l'Instruction publique sur la bibliothèque de Berne; avec des Notices de manuscrits; par Mr Achille Jubinal, Paris 1838.

9° Lettre de Jeanne Darc communiquée à l'académie des Sciences morales et politiques; avec une notice par Mr Berryat St Prix, Paris 1844.

NOTICE

SUR L'ÉTABLISSEMENT

DE L'IMPRIMERIE

DANS LA VILLE D'AIRE,

AUX XVII.e ET XVIII.e SIÈCLES.

AIRE.

IMPRIMERIE DE POULAIN, RUE D'ARRAS.

M. DCCC. XLV.

NOTICE

SUR L'ÉTABLISSEMENT

DE L'IMPRIMERIE

DANS LA VILLE D'AIRE,

AUX XVII.e ET XVIII.e SIÈCLES.

En rassemblant quelques faits relatifs à l'établissement que l'art typographique essaya, à deux reprises, de fonder, aux 17.e et 18.e siècles, dans la ville d'Aire, nous n'avons pas dessein de les rattacher aux progrès généraux de l'imprimerie, ni de les faire concourir au développement historique de cet ingénieux propagateur des œuvres de la pensée, sous les rapports qui peuvent en démontrer la véritable importance. Le penchant assez juste qui nous porte ordinairement à n'estimer dans les produits de l'imprimerie, et à ne croire faits pour être répandus par elle, que des écrits dont la composition comporte quelqu'art, et ne soit pas étrangère à une certaine forme littéraire, ne nous permettrait pas de lui tenir compte, à ce titre, des *billets de logement*, des *ordonnances de police municipale*, ni d'autres œuvres typographiques de même valeur, qui ont occupé, pour la plus grande part, les presses de la ville d'Aire.

Il reste donc fort peu de choses à dire des destinées de l'art typographique dans cette ville, lorsque l'on a indiqué les époques des deux établissemens qu'il y a infructueusement tentés. Comme il ne s'y était pas trouvé appelé, selon toute apparence, par des causes et pour des besoins essentiels, il a dû en disparaître, sans y laisser des traces bien sensibles de son double passage.

Cependant, on pourrait d'autant plus s'étonner de ne pas voir l'imprimerie d'Aire fournir une carrière moins matérielle et moins bornée, que cette ville avait auparavant donné des preuves diverses du goût de ses habitans pour les belles-lettres. Nous avons déjà constaté (1) que durant une partie du 16.ᵉ siècle, elle avait eu ses poètes; que pendant tout ce siècle, même dès le précédent et jusques dans le suivant, des associations dramatiques, formées dans son sein, d'abord sous le titre de *confrères du jeu du Saint-Sacrement*, et, plus littérairement ensuite, sous celui d'*amateurs de la rhétorique démonstrative*, y avaient donné des représentations de pièces qu'il faut quelquefois distinguer, pour la dignité du caractère indiquée par le sujet de la composition, des *farces* et des *moralités* qui s'y jouèrent, il est vrai, le plus ordinairement.

De ces pièces, dont plusieurs, sinon toutes, pourraient très bien avoir été faites à Aire, nous aurions vraisemblablement retrouvé plus que les titres et les noms de leurs auteurs, si elles avaient pu profiter, alors, des secours offerts par une imprimerie locale. Cette imprimerie nous eût également conservé les *ballades*, les *louanges* et les *refrains*, composés par les poètes de cette ville, sous la domination de Charles-Quint, et sous l'inspiration qu'ils

(1) *Rapport sur les Archives municipales de la ville d'Aire, adressés à M. le Ministre de l'instruction publique*, pages 10-14. — Aire, imprimerie de Poulain, 1839. — *Notice historique sur l'Eglise collégiale de Saint-Pierre d'Aire*, In-folio, p. 22.

ont reçue de son règne. Peut-être encore y eût-elle contribué à un plus grand développement de l'esprit littéraire, qui nous semble avoir animé particulièrement, d'ancienne date, son collége de chanoines, dans lequel se sont perpétués des hommes de savoir et d'un mérite souvent éminent.

L'imprimerie d'Aire ne nous ayant rien transmis de semblable aux œuvres que nous venons d'indiquer, il y a lieu d'en conclure qu'elle s'est établie dans cette ville, à une époque d'affaiblissement ou d'insouciance publique, quant aux occupations de l'esprit. On remarque effectivement qu'à la date de son établissement, les concours poétiques, si fréquens à Aire au 16.e siècle, avaient cessé, et qu'il ne restait plus de trace de ses associations dramatiques. Les représentations théâtrales avaient fini par se confiner dans le collége que dirigeaient les Jésuites : et, si les expériences de ce genre qui se sont renouvelées de nos jours peuvent nous servir à apprécier le mérite de ces spectacles, on doit être assuré que les bons Pères, tout en initiant leurs élèves à l'art de jouer la comédie, où ils ont toujours été si bons maîtres, tinrent cependant à ne pas leur en livrer les meilleurs secrets.

Claude-François Tulliet fut le premier imprimeur de la ville d'Aire. Il s'y établit en 1684, et y imprima, cette année même, un volume, en langue anglaise, d'une assez grande étendue (1). Les comptes de la ville, à partir de l'année suivante, parlent des impressions qu'il fit pour l'administration municipale. Avant lui, Joachim Carlier était, à Saint-Omer, l'imprimeur de la ville d'Aire, et Pierre Geubels, également à Saint-Omer, celui que le chapitre de la collégiale de Saint-Pierre employait. Ce

(1) *The Christian Duy*, composed by B. Bernard Francis student in divinity. Printed at Aire, by Claude-François Tulliet. M. DC. LXXXIV. (In-4.° de pages VIII + 306 + 7 de table.)

dernier doit avoir imprimé pour cette église, entre 1674 et 1680, des *offices* (1) que nous ne connaissons pas. Les Jésuites d'Aire s'étaient aussi servi, en 1654, des presses de Thomas Geubels, prédécesseur de Pierre, pour l'impression d'un livre fort singulier (2). Celles de la veuve Charles Boccard avaient produit en 1644 le *Bellum Septimestre* (3), composé par le prêtre Jean Humetz, et l'on possédait d'autres relations des siéges que la ville d'Aire avait soutenus en 1641 et en 1676, imprimées à Paris dans les années de ces siéges, à Douai en 1641 chez Wyon, et à Anvers en 1642 chez Plantin (4). Enfin, les pauvres Clarisses anglaises qui s'étaient démembrées en 1629 de la maison conventuelle de Gravelines, où elles étaient trop à l'étroit, pour former une communauté à Aire, avaient fait imprimer à Douai en 1635, chez Martin Boccart,

---

(1) Comptes de la fabrique de l'église Saint-Pierre.

(2) *La vie et les vertus de sainct Florent martyrizé pour la querelle de Jésus-Christ proche de la ville d'Aquila au royaume de Naples. Protecteur des affligez, et qui peut estre invoqué comme patron bien particulier des pères et mères qui désirent de réussir en la bonne education de leurs enfans.*

Dont les sacrées reliques sont honnorées en l'église du collége de la Compagnie de Jésus, en la ville d'Aire.

Par le P. Pierre Desnourrices de la Compagnie de Jésus.

A Sainct-Omer, de l'Imprimerie de Thomas Geubels, imprimeur juré en la rue de la Cleuterie. 1654 (in-12 de 160 pages).

Dans une ode qui termine ce livre, devenu rare et curieux à d'autres titres, on attribue à saint Florent et à son martyre l'origine et la couleur des armoiries de la ville d'Aire. C'est une opinion que l'on n'a pu émettre qu'à la faveur d'une ample licence poétique.

(3) Bellum Septimestre, sive Aria à Gallis obsessa et capta moxque ab Hispano recuperata anno M. DC. XLI. Auctore M. Joanne Humelzio, Audomari typis viduæ Caroli Boccardi 1644.

(4) Voir le père Lelong, Bibliothèque historique de la France, n.os 22,050 : 1—3, et 24,099.

une histoire de sainte Claire, leur patronne, traduite en anglais par Magdelaine Augustine, l'une d'elles (1), et chez Michel Mairesse, en 1684, l'année même de l'établissement de Tulliet à Aire, un petit livre de piété à leur usage (2). Telles sont, en y comprenant le bréviaire particulier de l'église Saint-Pierre, dont l'impression eut lieu en 1514, nous ne savons en quel endroit, celles qu'il nous a été possible de connaître, d'entre les publications typographiques faites pour la ville d'Aire, ou à son sujet, avant qu'un imprimeur vint pour la première fois se fixer dans son sein.

Le nom de Claude Tulliet ne se lisant plus dans les comptes municipaux après celui de 1692, et celui de Jean Fr. Haccard figurant au bas d'imprimés de l'an 1694, il est naturel de supposer que ce dernier lui succéda, mais non pas sans concurrence étrangère. L'imprimerie de Saint-Omer, devenue la propriété de *Louis* Carlier, reprit possession de la clientèle du chapitre et du magistrat d'Aire, pour lequel on voit Haccard n'imprimer qu'une seule fois, et en 1697 (3), une ordonnance de police, tirée à soixante-dix exemplaires, dont aucun ne nous est parvenu. Nous

---

(1) The History of the Angelicall Virgin glorious S. Clare dedicated to the qveens most excellent majesty, extracted ovt of the R. F. Lvke wadding his annals of the freer Minors chiefly by Francis Hendricq and now donne into English.

By sister Magdalen Augustine of the holy order of the Poore Clares in Aire.

Imprinted at Douay, by Martin Boccart under the signe of Paris, M. DC. XXXV. In-12.

(2) The following collections or pious little treatises together with the rvle of S. Clare and declarations upon it, are printed for the use of the English poor Clares in Ayre an index whereof begin's in the sequent page.

Printed at Douay by Michaell Mairesse. Permissu superiorum 1684.

(2) Compte de la ville d'Aire, année citée.

avons un exemplaire d'une autre ordonnance, de l'intendant Bignon, portant au bas du placard cette indication : *A Aire, chez J. Fr. Hacard, l'imprimeur, dans la rue de Saint-Omer*, 1694. Il est le seul produit que nous ayons encore rencontré des presses de Jean Fr. Haccard, dont l'établissement n'a point subsisté au-delà de 1697. Du moins est-il certain qu'on ne trouve pas l'imprimerie d'Aire comprise parmi celles que l'arrêt du Conseil d'Etat, du 21 juillet 1704, a exclusivement établies ou maintenues dans les villes du royaume où elles pouvaient être utiles (1).

Ainsi donc l'inutilité de l'imprimerie d'Aire ne se démontrât-elle pas suffisamment d'elle-même et par l'insignifiance de ses produits, durant la période de son premier exercice, nous en trouverions la preuve dans l'arrêt de 1704. Elle tenta néanmoins de se relever, vingt ans plus tard, et nous verrons que ce ne fut pas avec plus de succès. Un nouvel imprimeur, Henri de Beaussart, s'établit à Aire, entre les années 1725 et 1727. Le magistrat de la ville voulut, cette fois, lui donner des encouragemens, qui avaient peut-être manqué à son prédécesseur, et il lui alloua une gratification de 200 livres (2). Il nous reste un petit livre imprimé par lui en 1728 (3), et quelques placards des années 1730 et 1732 : c'est là tout ce que nous avons rencontré, jusqu'à ce jour, des impressions qui portent son nom.

Nous ne citons que pour mémoire l'impression de plu-

---

(1) *Code de la librairie et imprimerie de Paris*, page 202. — Paris, 1744.

(2) Compte de la ville pour 1727.

(3) *Institution, Règles, Exercices et Privilèges de la Confrérie de S. Roch, établie dans l'Eglise de Lillers ; avec les indulgences accordées à ladite Confrérie par notre S. P. le Pape Clément VIII et un abrégé de la vie du glorieux saint Roch.* A Aire, chez Henry F. J. de Beaussart, imprimeur, M. DCC. XXVIII.

sieurs *rames de papier*, que fit, en 1733 (1), pour le magistrat d'Aire, Marie Carlier, à Saint-Omer, et parce qu'elle semble annoncer que le travail de l'imprimerie fut suspendu à Aire, entre l'exercice de Henri de Beaussart et celui de Boubert de Corbeville, qui y a imprimé, en 1738, un mémoire de 14 pages, petit in-folio (2). Plusieurs ordonnances de police sont sorties, en la même année, de l'imprimerie de Boubert : nous ne pensons pas qu'elle eût trouvé, dans sa clientèle, le moyen de subsister plus long-temps que ne le permit un nouvel arrêt du Conseil d'Etat, du 15 mars 1739, par lequel elle fut, avec beaucoup d'autres, irrévocablement supprimée (3). L'administration municipale de la ville d'Aire donna, le 27 avril suivant, à Boubert de Corbeville, communication de cet arrêt : il nous reste à savoir comment il fut exécuté.

Il est, pour nous hors de doute, qu'au mépris de l'arrêt de 1739, Boubert de Corbeville continua d'exercer, à Aire, le métier d'imprimeur. Les preuves que nous en apporterons peuvent s'étendre jusqu'en 1754. Dans une lettre qu'il a écrite, l'année suivante au chapitre d'Aire, il se qualifie *imprimeur à Saint-Omer*, où l'on sait qu'il a fini par transporter son établissement. Il est donc certain qu'à cette époque il avait quitté Aire : mais divers actes de dates antérieures, que l'on retrouve dans les archives municipales et dans celles de la collégiale de cette ville, font

(1) Compte de la ville pour 1733.

(2) *Mémoire que les officiers du bailliage royal d'Aire en la province d'Artois, présentent très-respectueusement à monseigneur le chancelier, pour le supplier de leur faire connoître ce qu'ils doivent juger dans les questions qui dépendent de l'exécution des coutumes dudit Bailliage.*

A Aire, de l'imprimerie de H. F. Boubert de Corbeville, sur la place, 1738.

(3) Code de la librairie, page 205.

positivement connaître qu'il n'avait pas cessé d'y imprimer jusques-là. Sans parler de la qualité *d'imprimeur* qu'il prend dans les registres de la paroisse Notre-Dame d'Aire, en y déclarant, le 30 janvier 1740, la naissance d'un fils, et le 2 janvier 1742, le décès d'un autre de ses enfans, nous citerons le titre de *garçon imprimeur*, que donnent, en 1750, les mêmes registres à Claude-Denis, son frère, dont il importe de remarquer que les enfans, au nombre de neuf, naquirent tous, et moururent pour la plupart en bas âge, à Aire. Ce ne pouvait donc être qu'à Aire, et dans l'atelier de son frère Henri-François, que Claude-Denis exerçait, en 1750, l'état de *garçon imprimeur*.

Ajouterons-nous que de 1739 à l'époque présumée de sa translation à Saint-Omer, 1754, les comptes de la ville d'Aire et du chapitre nomment Boubert de Corbeville pour leur imprimeur ordinaire ? Ainsi, durant cet espace de temps, il continue d'imprimer à Aire pour le magistrat et pour le chapitre. Les registres capitulaires de l'église St.-Pierre nous en fournissent la preuve la plus évidente à la date du 27 novembre 1743, sous laquelle les chanoines prennent la résolution de « faire imprimer des cartabelles ici, chez le sieur Corbeville, imprimeur, *ad usum ecclesiæ collegiatæ*. »

En 1749, le 29 janvier, Boubert donne quittance, à Aire, d'un paiement qui lui est fait par l'église St.-Pierre, pour l'impression de l'*Office de sainte Jeanne de Valois* (1); et il reçoit, en 1752, six livres pour avoir imprimé *une feuille des messes particulières* de la même église (2). Ces impressions ne nous sont pas connues autrement que par la désignation qui en est donnée dans les titres que nous fournissent les archives d'Aire. Nous ne saurions, par

(1) ET (2) Liasses des *munimens* de comptes de la fabrique de l'église St.-Pierre.

conséquent, y rechercher le signe caractéristique auquel il nous a paru que devaient se reconnaître les impressions exécutées, à Aire, par Boubert de Corbeville, de 1739 à 1755, c'est-à-dire l'absence d'indication du nom de l'imprimeur et du lieu de l'imprimerie. Nous avons sous les yeux plusieurs exemplaires imprimés de diverses ordonnances rendues, dans cet intervalle, par le magistrat d'Aire, dont nous répétons qu'il était demeuré le typographe. Aucun de ces exemplaires n'indique de quelles presses ils sont sortis. Il y avait bien là violation manifeste des réglemens relatifs à la police de l'imprimerie; mais Boubert avait déjà mieux fait que d'en violer un article. Comme il avait conservé son imprimerie, malgré une loi spéciale, il n'eut pas obéi à des prescriptions secondaires, dont l'accomplissement de sa part ne devait servir qu'à le dénoncer. Voilà pourquoi, selon nous, toutes les impressions que nous venons de signaler, et qu'il est difficile de ne pas lui attribuer, persistent à taire le lieu de leur origine et le nom de leur auteur.

Nous lui attribuons, à plus forte raison encore, d'autres productions typographiques des années 1747 et 1751, indiquées, au bas de leur titre, à *Aire, chez Boubert de Corbeville* (1). Ces deux publications, formant chacune un petit volume, il lui devenait plus difficile de contrevenir, avec succès, aux réglemens de police, en n'y déclarant pas au moins le nom d'un éditeur responsable. Boubert de Corbeville figure sur l'un d'eux avec la qualité de *libraire*;

(1) *L'association du très saint Sacrement de l'Autel, érigée dans l'église paroissiale de Notre-Dame en la ville d'Aire, sous le titre du S. Viatique. Par Monseigneur l'illustrissime et reverendissime Joseph Alphonse de Valbelle, évêque de S. Omer. A Aire, chez Boubert de Corbeville, libraire sur la place*, 1747 (in-18 de 133 pages).

Réglement pour les corps et communauté des marchands de la ville d'Aire. A Aire, chez Boubert de Corbeville, 1751 (in-18 de 26 pages.)

qui pouvait, à défaut de celles d'imprimeur, sauver quelques apparences d'une infraction à ces réglemens.

De tous ces témoignages réunis, on doit conclure que Boubert de Corbeville a continué d'exercer l'imprimerie à Aire, après l'arrêt qui l'y avait supprimée. On jugera surtout que l'absence de toute indication typographique, telle qu'elle se remarque sur les imprimés et durant l'intervalle dont nous avons fait mention, témoigne clairement de l'intérêt que l'imprimeur avait à cacher son nom. Il eût craint de l'attacher à des actes illicites, que la justice, malgré la tolérance quelque peu complice du magistrat d'Aire, pouvait atteindre et punir. La persistance et le soin qu'il mit à s'écarter des réglemens de police en ce point d'obéissance si facile et si naturelle à tout imprimeur placé dans une condition légale, deviennent, quant à lui, d'autant plus frappans et significatifs qu'à dater de l'époque où nous estimons qu'il put exercer régulièrement, c'est-à-dire à Saint-Omer, il ne manqua pas de s'y conformer. Plusieurs imprimés de l'année 1754, encore subsistans, indiquent à la fin qu'ils sont sortis à Saint-Omer des presses de *H.-F. Boubers.*

La suppression du second nom (*de Corbeville*) et la variante dans l'orthographe de celui de Boubers se remarquent sur tous les imprimés que nous avons vus, provenans de ses presses à St.-Omer, de 1754 à 1788, et n'ôtent rien à l'identité du personnage. Une fois seulement à notre connaissance, il a paru publiquement, dans cet intervalle avec le nom de *Boubers de Corbeville*. Ce fut en 1767, dans deux *Mémoires* rédigés pour lui et son fils aîné, au sujet de poursuites judiciaires dont ils étaient l'objet pour le rôle trop actif qu'ils avaient joué dans les élections municipales. Il y est dit que Boubert de Corbeville exerçait sa profession dans la *Capitale* de la province d'Artois, lorsque l'arrêt de 1739 le força de se retirer à SaintOmer. C'est une erreur. On a vu qu'il exerçait à Aire; et d'ailleurs l'arrêt de 1739 n'avait rien changé pour Arras, quant aux imprimeurs de cette ville qu'il maintenait au nombre de deux, tel que l'arrêt de 1704 l'avait fixé. Nous y lisons encore que son père était capitaine d'infanterie et son aïeul avocat célèbre au conseil d'Artois. Selon ce qui nous a été dit, il serait né à Lillers, l'aîné de plusieurs frères qu'il aurait formés dans la profession à laquelle les revers de fortune de sa famille lui conseillèrent de se livrer; et deux de ses élèves seraient devenus imprimeurs l'un à Liége, l'autre à Bruxelles. Un de ses fils aurait aussi été imprimeur à Lille. Enfin nous voyons encore qu'un H. F. de Boubert exerça à Arras la même profession. On applique ce trait à la vie de notre Boubert de Corbeville, en l'expliquant par une manie de vieillard. A l'époque de la révolution française, il se trouvait chargé d'une mission dans la bibliothèque de l'abbaye de Saint-Bertin, alors supprimée, et lorsqu'il rencontrait des gravures dans un livre, il les enlevait. Nous tenons le fait d'une personne qui a vu plusieurs de ces livres ainsi mutilés, et nous ajouterons que Boubert a pu en faire autant aux manuscrits dont la même bibliothèque était si riche. Nous pourrions dire que son imprimerie après avoir été la propriété de M.me veuve Gougeon est devenue celle de M. Chauvin, père et prédécesseur de l'imprimeur actuel de Saint-Omer. Mais ces faits ne sont plus de notre sujet. Ils appartiennent à l'histoire des établissemens typographiques de Saint-Omer, qu'un homme très-savant dans l'histoire d'Artois, M. Alexandre Hermant, se dispose à faire connaître.

Les succès et l'importance que ces établissemens obtinrent devaient contribuer, pour une grande part, à diminuer les chances de ceux que l'imprimerie rechercherait à Aire; car durant tout le temps de l'exercice, même autorisé, des imprimeurs de cette dernière ville, ceux de Saint-Omer et aussi d'Arras eurent souvent le privilège de publier les plus notables des matières que la ville d'Aire livra à l'impression. Nous ne savons pas sur quel fondement, l'auteur d'une notice biographique sur Fertel s'est appuyé pour placer l'installation et déjà même le crédit de Boubert, à Saint-Omer, exactement *après* 1740 (1). Tout ce que nous pouvons ajouter à ce que nous venons d'opposer, par avance, à cette allégation trop dénuée de preuves, c'est que nous en sommes encore à rencontrer un seul imprimé portant ensemble les noms de *Boubert* pour imprimeur, et de *Saint-Omer* pour lieu de l'impression, dans les quinze années qui ont suivi la suppression de l'imprimerie d'Aire, en conséquence de l'arrêt de 1739.

Quoiqu'il en soit, nous n'accorderons pas plus d'importance aux résultats de ses travaux, en général, parce qu'ils ont réussi à se prolonger clandestinement, au mépris de la loi. Le secret même dans lequel elle a pu s'envelopper envers l'autorité chargée de la surveiller, est la meilleure preuve, peut-être, de sa faiblesse et de son insignifiance.

Cependant son établissement en la ville d'Aire, comme en d'autres villes, où il a pu être aussi infructueux et non moins obscur, n'est pas un fait à négliger pour l'histoire générale de l'imprimerie, en ce qu'il démontre que les succès et la fortune, dans l'exercice de cet art, n'ont pas toujours été indépendans de quelque commerce littéraire. C'est en s'attachant à reproduire les monumens écrits de l'esprit humain, pour les multiplier et les répandre sous une forme presqu'impérissable que l'imprimerie a montré pour quel but elle était née, et quelle était la grandeur de sa mission. Elle a prospéré là seulement où ses travaux ont été conformes à ses destinées civilisatrices. La simple publicité qu'elle pouvait subsidiairement donner à certains actes de la vie commune, à certaines prescriptions de l'au-

(1) *Biographie de la ville de Saint-Omer*, par M. H. Piers.

torité publique, eût été loin de suffire à lui mériter, durant les deux derniers siècles où nous l'examinons, d'être distinguée des arts mécaniques, et associée en France aux priviléges et aux prérogatives de l'Université. Cette publicité, bien qu'elle se soit considérablement accrue de nos jours, n'ajoute pas plus qu'autrefois à la gloire et aux progrès de l'art typographique : mais elle a créé pour lui, au centre des affaires, une stabilité et des moyens d'existence qui peuvent lui suffire, et qu'il y avait jusques-là vainement cherchés. Aujourd'hui toute ville ou toute bourgade de France, qui n'est pas assez déshéritée d'esprit littéraire, ou de science politique, pour se refuser un *journal d'annonces*, donne d'avance à un imprimeur la certitude qu'il y fera son chemin. Cela peut se dire sans attaquer personne, et sans que les mauvais journaux nuisent aux bons, partout où il s'en trouve de bons.

La ville d'Aire a été remise, il y a dix ans, en possession d'une imprimerie. Elle appartient à M. Poulain, qui en a obtenu le brevet le 20 mai 1835, et y a fondé, sous le titre de l'*Echo de la Lys*, un journal dont le premier numéro a paru le 6 octobre 1837. L'*Echo de la Lys* s'est occupé jusqu'ici de plusieurs questions d'histoire locale qui ont de l'importance et offrent de l'intérêt.

Il suffisait assurément d'une imprimerie pour répondre aux besoins des habitans d'Aire et de son canton. Cependant, par un beau matin de l'année dernière, le 3 juillet, ils se sont réveillés avec un imprimeur de plus : nous disons un imprimeur en titre. Un second typographe dans une ville qui offre tout juste, à un seul, les moyens de faire modestement ses affaires, n'y peut survenir qu'avec la chance,

Ou de ne pas rencontrer de clientèle, et il meurt en naissant ;

Ou de partager la clientèle du premier imprimeur, et ils se tuent l'un et l'autre ;

Ou enfin de la lui enlever tout-à-fait, et le second imprimeur tue le premier.

Dans ces deux derniers cas, lorsque le premier imprimeur est parvenu à grand peine, et avec risques, à former son établissement sous la protection du gouvernement qui lui a concédé un brevet, lorsqu'il obéit aux lois et aux ordonnances de ce gouvernement, lorsqu'il travaille à des prix modérés et sans se mêler aux partis d'aucune sorte, nous demanderons, en général, s'il est juste de lui susciter, sans nécessité, un concurrent qui essaie de le ruiner en tout ou en partie? A Aire, on n'en saurait douter, il est aussi impossible à deux imprimeurs de vivre ensemble qu'à un seul de faire fortune; et il nous paraît que l'autorité supérieure, en se décidant à y accorder une seconde imprimerie, n'a pas été assez exactement renseignée sur les besoins de cette ville et sur l'éventualité d'une telle concession. Au reste, nous ne cherchons pas ici à lire dans l'avenir : nous voulons rester historien; et, à ce titre, nous constaterons que le premier, et jusqu'ici l'unique ouvrage qui porte le nom et la qualité du nouvel *imprimeur* d'Aire, n'est pas sorti de ses presses, mais de celle d'un imprimeur de Lille. En voici le titre :

Catalogue des livres, musiques et gravures de la bibliothèque de (feu) *M. Bieswal. Aire, Guillemin-Lequien,* IMPRIMEUR-*libraire*; 1845. [Et au bas de la 97.e et dernière page, en caractère nompareille :] *Lille,* IMPRIMERIE *de L. Lefort*; 1845.

Les ouvrages publiés sous le nom de M. Poulain, *imprimeur*, sont toujours sortis des presses de M. Poulain.

François MORAND,

Correspondant du ministère de l'instruction publique pour les travaux historiques.

www.ingramcontent.com/pod-product-compliance
Lightning Source LLC
LaVergne TN
LVHW010317230826
846091LV00009B/3708

* 9 7 8 2 0 1 3 6 0 3 1 6 4 *